BEI GRIN MACHT SICH IHR WISSEN BEZAHLT

Marcus Erben

Geisteswissenschaftliche Pädagogik - Entstehungszusammenhang, geistige Verwurzelung, Methodik und Kritik

Ein kompakter Überblick

GRIN Verlag

Bibliografische Information der Deutschen Nationalbibliothek:

Die Deutsche Bibliothek verzeichnet diese Publikation in der Deutschen National-
bibliografie; detaillierte bibliografische Daten sind im Internet über http://dnb.d-
nb.de/ abrufbar.

Impressum:

Copyright © 2003 GRIN Verlag GmbH
Druck und Bindung: Books on Demand GmbH, Norderstedt Germany
ISBN: 978-3-638-93570-8

Dieses Buch bei GRIN:

http://www.grin.com/de/e-book/18026/geisteswissenschaftliche-paedagogik-entste-
hungszusammenhang-geistige

GRIN - Your knowledge has value

Der GRIN Verlag publiziert seit 1998 wissenschaftliche Arbeiten von Studenten, Hochschullehrern und anderen Akademikern als eBook und gedrucktes Buch. Die Verlagswebsite www.grin.com ist die ideale Plattform zur Veröffentlichung von Hausarbeiten, Abschlussarbeiten, wissenschaftlichen Aufsätzen, Dissertationen und Fachbüchern.

Besuchen Sie uns im Internet:

http://www.grin.com/

http://www.facebook.com/grincom

http://www.twitter.com/grin_com

Universität Würzburg
Institut für Pädagogik I
Lehrstuhl für Pädagogik I
Proseminar: Theoretische Ansätze in der Erziehungswissenschaft
SS 2003

**Geisteswissenschaftliche Pädagogik – Entstehungszusammenhang,
geistige Verwurzelung, Methodik und Kritik**

Marcus Erben

Germanistik (HF), Pädagogik (NF)
4. Semester

Inhaltsverzeichnis

1. Zielvorstellung

Die hier vorliegende schriftliche Ausarbeitung des im Rahmen des Seminars „Theoretische Ansätze in der Erziehungswissenschaft" gehaltenen Dreierreferates über die Geisteswissenschaftliche Pädagogik beschäftigt sich mit dem historisch-sozialen Entstehungszusammenhang jener erziehungswissenschaftlichen Strömung, skizziert ihre geistige Verwurzelung im Wissenschaftsverständnis Wilhelm Diltheys nach, benennt ihre Hauptvertreter und erläutert das ihr zugrunde gelegte methodologische Instrumentarium, die sogenannte Hermeneutik. Abschließend soll ein kurzer Blick über die verschiedenen Kritikansätze, die andere erziehungswissenschaftliche Denkrichtungen an die geisteswissenschaftliche Pädagogik (im folgenden GWP genannt) richten, geboten werden.

2. Der historisch-soziale Entstehungszusammenhang

Die sich nach dem ersten Weltkrieg in einem „gesellschaftlichen Transformationsprozeß [Umwandlungsprozess]"[1] befindliche Weimarer Republik war einer „tiefen, epochalen Krise"[2] ausgesetzt, die sich in der Zerstörung des wilhelminischen Obrigkeitsstaates und dessen überkommenen Traditionen äußerte. Revolution, Republikgründung sowie Instabilität der noch jungen Demokratie waren unübersehbare und wirkungsmächtige Signale dieser gesellschaftlichen Epochenkrise. Eine auf staatliche (parteiliche) Einflussnahme verzichtende und auf gesellschaftliche Leitbilder gründende neue Volkserziehung und Bildung sollten die Krise „durch Entwicklung eines neuen Volks-, Kultur- und Lebensideals"[3] bewältigen helfen. Dass diese Erziehung politisches Gepräge hatte und zu einer Nationalerziehung, also zu einer Erziehung zum Nationalen mutierte, liegt, folgt man der erziehungstheoretischen Programmatik jener Zeit, auf der Hand. Diese entwirft Eduard Spranger – einer der Exponenten der GWP – skizzenartig in seinem Aufsatz *Die Bedeutung der wissenschaftlichen Pädagogik für das Volksleben*. In der „Erziehung zum Staatsverständnis und zur Staatsgesinnung"[4] erblickt Spranger den Wiederaufbau, die Neukonstituierung der Nation, die den Vorrang vor den Parteien wiedergewinnen müsse, eben durch Erziehung des

---

[1] Tenorth, Heinz-Elmar: Pädagogisches Denken. In: Handbuch der deutschen Bildungsgeschichte. Hrsg. von Dieter Langewiesche und Heinz-Elmar Tenorth. (Band V) München 1989, S. 112.
[2] Ebd.
[3] Krüger, Heinz-H.: Einführung in Theorien und Methoden der Erziehungswissenschaft. 3. Aufl. Opladen 2002, S. 21.
[4] Spranger, Eduard: Die Bedeutung der wissenschaftlichen Pädagogik für das Volksleben. In: Erziehungswissenschaft und Erziehungswirklichkeit. Hrsg von Hermann Röhrs. 2. Aufl. Frankfurt am Main: 1967, S. 15.

gesamten Volkes. Eine wissenschaftliche Pädagogik, präziser: eine *Pädagogik des Verstehens*, deren Aufgabe es ist, „eine bereits gegebene Kulturwirklichkeit aufzufassen, unter ordnende Begriffe zu bringen und zuletzt durch Wertsetzungen und Normen zu gestalten"[5], durchdenkt diese Erziehung, gibt diese dem Volk zurück, aus dem sie entstand, und vertraut auf dessen dynamischen „Selbstfortpflanzungstrieb"[6] des menschlichen Kulturgebiets, der es ermöglicht, die wissenschaftlich entfaltete Erziehung durch die kommenden Generationen hindurch zu tradieren, um damit zur beständigen Entwicklung der nationalen Volkskultur beizutragen.

Die Dienstbarmachung der Erziehung als Mittel für die Konstituierung der Nation finden wir leitmotivisch in der Geschichte der Pädagogik immer wieder[7]. Man denke beispielsweise, und das sei nur am Rande vermerkt, an Platons Idealstaat, den zu verwirklichen die Erziehung als Aufgabe hatte, oder an die durch eine substantielle Theaterlandschaft zur Verwirklichung strebende nationaleinigende Ambition der Nationalpädagogik eines Lessings, die er in seiner *Hamburgischen Dramaturgie* begründet. Auch diese Ambition erkennen wir in dem politischen Vorhaben Sprangers, der es als wichtigste Aufgabe seiner Zeit ansieht, die durch das historische, soziale und kulturelle Chaos verursachte lähmende Diffusion der Gesellschaft mit Hilfe einer wissenschaftlich fundierten Pädagogik, die nur eine hermeneutische sein kann, zu bändigen und der Nation zu ihrer sehnlichst und kollektiv gewünschten Totalität zu verhelfen.

3. Dilthey als Begründer einer Theorie der Geisteswissenschaften
3.1 Diltheys Theorie der Geisteswissenschaften

Wilhelm Dilthey (1833 – 1911) gilt als Urvater der GWP und Begründer einer autonomen Theorie der Geisteswissenschaften. „Dabei waren es nicht Diltheys eigene Arbeiten zu einer historisch ansetzenden, geisteswissenschaftlichen Pädagogik, die größtenteils in den zwanziger Jahren noch gar nicht veröffentlicht waren, sondern Diltheys Theorie und Lebensphilosophie der Geisteswissenschaften, die die Theoriebildung der GWP entscheidend beeinflußten."[8]

Bevor wir darauf zu sprechen kommen, wie die Geisteswissenschaften und die Lebensphilosophie von Dilthey wissenschaftstheoretisch grundgelegt sind, seien im folgenden

---

[5] Ebd., S. 17.
[6] Ebd., S. 11.
[7] Ich beschränke mich auf mein bisher gewonnenes Wissen.
[8] Krüger (2002): S. 23.

die Hauptvertreter der GWP nur insofern genannt, als wir sie in ihrem Bezugspunkt zu Dilthey durchleuchten.

Herman Nohl (1879 – 1969), der den berühmten Begriff des pädagogischen Bezugs als „das leidenschaftliche Verhältnis eines reifen Menschen zu einem werdenden Menschen"[9] prägte und Max Frischeisen Köhler (1878 – 1969) lassen einen engen Bezugspunkt zu Dilthey erkennen, weil beide bei ihm promovierten. Erich Weniger (1894 – 1961) und Theodor Litt (1880 – 1962) hingegen wurden die Theorie Diltheys durch Nohl vermittelt, während Theodor Litt (1880 – 1962) und Eduard Spranger (1882 – 1963) Studenten bei ihm waren, wobei dies bei Litt nicht als gesichert gilt. Das wissenschaftstheoretische Denken wurzelte also – und das kann ausgemacht werden – mittelbar bzw. unmittelbar im Denken Wilhelm Diltheys.

Wilhelm Diltheys Hauptanliegen war es nun, eine philosophische, d.h. wissenschaftstheoretische Grundlegung der Geisteswissenschaften zu begründen. Dilthey fragt also nach einer eigenen, selbstständigen Theorie der Geisteswissenschaften, um ihnen in Absetzung zu den damals im Zeichen des Positivismus stehenden und dominierenden Naturwissenschaften einen eigenen jedoch relativen Autonomieanspruch zu verleihen.

Dilthey, der in seiner Schrift *Einleitung in die Geisteswissenschaft*, „die relative Selbständigkeit der Geisteswissenschaften zu begründen"[10] versucht, definiert die Geisteswissenschaften „als das Ganze der Wissenschaften, welche die geschichtlich-gesellschaftliche Wirklichkeit zu ihrem Gegenstande haben."[11] Darunter firmieren alle jene Wissenschaften, die sich auf die „Menschen, ihre Verhältnisse zueinander und zur äußeren Natur beziehen"[12] wie zum Beispiel Geschichte, Nationalökonomie, Rechts- und Staatswissenschaften, Religionswissenschaften usw. Prägnant formuliert: Die Geisteswissenschaften sind die Wissenschaften vom Menschen. Gäbe es keine oder wenigstens einen Menschen, so wären sie überflüssig, während ein existierendes menschliches Wesen freilich Naturwissenschaft betreiben könnte. Die Relativität dieses Autonomieanspruchs gründet sich indes auf die nicht zu leugnende kausale Wechselwirkung zwischen Mensch und Natur. Während der Naturlauf auf die Zwecke des handelnden Menschen, also auf sein geistiges Leben wirkt, bedient sich der Mensch auf der anderen Seite

---

[9] Zitiert nach: Ebd., S. 32.
[10] Dilthey, Wilhelm: Einleitung in die Geisteswissenschaft. Versuch einer Grundlegung für das Studium von Gesellschaft und der Geschichte. Band I. Leipzig; Berlin: 1922, S. 17.
[11] Ebd., S. 4.
[12] Dilthey, Wilhelm: Gesammelte Schriften. Band VII. Der Aufbau der geschichtlichen Welt in den Geisteswissenschaften. 2. Aufl. Göttingen 1958, S.70.

der Natur als Mittel, um seine Zwecke zu erreichen.[13] Dieses geistige Leben, oder diese geistigen Tatsachen aber sind jedoch nicht kausalanalytisch zu erklären, weil jene einheitlich und spontan sind, während der Naturvorgang durch ewige Gleichförmigkeit besticht. (Der Regen fällt nach dem kausalen Gesetz der Schwerkraft beispielsweise immer vom Himmel auf die Erde nieder[14], während es beim Menschen in der Psyche des Inneren liegt, ob er sich *spontan* dazu entschließt, das Wochenende um einen Tag zu verlängern.) Und genau hierin liegt der Grund für Dilthey, die Naturwissenschaften von den Geisteswissenschaften strikt zu unterscheiden (nicht zu scheiden!), ohne die Abhängigkeiten, die zwischen Naturzusammenhang und geistigem Leben existieren, zu ignorieren.

Was meint aber „Wirklichkeit" in obiger Definition? Für Dilthey ist Wirklichkeit – begriffen als Material der Geisteswissenschaften – eine seelisch-körperliche Dualität des Menschen, die er „psycho-physische Lebenseinheit"[15] nennt. „Das System dieser Lebenseinheiten ist die Wirklichkeit, welche den Gegenstand der geschichtlich-gesellschaftlichen Wissenschaften ausmacht."[16] „Das Singulare, Individuale dieser geschichtlich-gesellschaftlichen Wirklichkeit"[17] gilt es nun, zu „begreifen"[18] bzw. zu erfassen, denn begreifen ist die „völlige Durchsichtigkeit in der Auffassung eines Zusammenhanges"[19], der, wie oben erwähnt, sich zur psycho-physischen Lebenseinheit konstituiert. Das erkenntnistheoretische Instrumentarium kann demnach nur in der Hermeneutik, also in der Lehre des Verstehens gesucht werden, die in der Naturwissenschaft völlig fruchtlos bleibt. Während es Aufgabe dieser ist, Verhalten zu erklären, geht es in den Geisteswissenschaften darum, innere Zustände in ihrer Bedeutung zu verstehen. Dilthey hat diese Tatsache auf die denkbar knappste Formulierung gebracht, wenn er treffend meint: „Die Natur [äußere Natur] erklären wir, das Seelenleben [Innenleben] verstehen wir."[20]

Ich möchte diese Aussage nun an einem konkreten Beispiel, das uns leitmotivisch im Verlaufe der Arbeit begleiten wird, aus der eigenen pädagogischen Praxis illustrieren (nicht begründen!).

Vor Aufnahme des Studiums nahm ich an einer einwöchigen Kinderfreizeit für Kinder zwischen ca. 6 und 11 Jahren teil. Ein Junge, der besonders durch sein aggressives Verhalten auffiel, schlug und trat seine Kameraden, suchte eher Kontakt zu uns Betreuern und konnte

---

[13] Vgl. Dilthey (1922): S. 17.
[14] Man muss sich nur vor Augen halten, wie selten man menschliches Verhalten in eine Wenn-dann-Relation (oder: Ursache-Wirkung-Relation), die typisch für eine kausale Beziehung ist, betten kann.
[15] Dilthey (1922): S. 15.
[16] Ebd.
[17] Ebd., S. 27.
[18] Ebd., S. 5.
[19] Ebd., S. 10.
[20] Zitiert nach: Krüger (2002): S. 24.

sich sehr selten, besser: nie, sprachlich vernünftig artikulieren. Am letzten Abend der Freizeitwoche veranstalteten wir einen Projektabend („Bunter Abend"), an dem die Kinder alleine oder in Gruppen einen vorbereiteten Sketch, Gedichte und dergleichen aufführen konnten. Der Junge bot, freilich alleine, ein Lied dar, das er mit selbstkombinierten Instrumenten, bestehend aus Stuhl, Töpfen und anderen Haushaltsgeräten, begleitete. Nach seiner Präsentation bekam er von den von ihm Malträtierten frenetischen Applaus gespendet. Vom Abend bis zur Abreise fiel er dann kaum noch durch aggressives Verhalten auf. Was hat dieses Beispiel mit unserem Thema zu tun?

Der Junge wies seinem aggressiven Verhalten eine spezifische Bedeutung, einen Sinn zu. Die Bedeutung liegt in diesem Fall in der Akzeptanzsuche, in der Suche nach Anerkennung, die er mit seinem aggressiven Verhalten gegenüber seiner Umwelt verfolgte und freilich nicht finden konnte. Diese Akzeptanz kam ihm an jenem Abend plötzlich zu Teil und bewirkte, dass er sich anschließend ruhig und zufrieden verhielt. Jetzt liegt es in der Aufgabe des Erziehers, eben diese Bedeutung, die der Junge seiner Situation zuweist, zu *verstehen*, damit der die pädagogische Wirklichkeit angemessen und konsequent beurteilen kann. Wir müssen also verstehen, welche spezifische Bedeutung das handelnde Subjekt seiner Situation zuweist. Ein unverantwortliches und ein das Sinnverstehen leugnendes pädagogisches Handeln würde eventuell mit Gewalttrieben oder Gewaltsucht argumentieren, statt zu verstehen, welcher Sinn dieses (frag-würdige!) Handeln besitzt. Eine Naturwissenschaft könnte nur erklären, wann, wo, wie, unter welchen Umständen der Junge sich aggressiv verhält, aber nie verstehen bzw. begreifen, was dieses Verhalten bedeutet, *als* was uns dieses Verhalten erscheint.[21]

„Diese Wissenschaften [gemeint sind die Geisteswissenschaften]" – und das zeigt unser Beispiel deutlich – „sind in der Praxis des Lebens selbst erwachsen"[22] und es liegt nahe, dass die GWP später aus dem Wissenschaftsverständnis den Primat der Praxis exponiert.

Einflussreich auf die GWP erwies sich neben der Wissenschaftskonzeption Diltheys auch die von ihm begründete Lebensphilosophie, „die das Leben aus sich selber zu erklären sucht."[23]

„Die Philosophie, so verstanden, ist die Wissenschaft des Wirklichen."[24] Sie wurzelt im Leben selbst als eine in ihrer Ganzheit aufgefassten sinnhaften, geistigen, ideellen und durch ihre Geschichtlichkeit bedingten Handlungswirklichkeit, die sie, die Philosophie, universell bestimmt. „Die Wirklichkeit selbst kann in letzter Instanz nicht logisch aufgeklärt, sondern

---

[21] An dieser Erfahrung, die freilich beschränkt bleiben muss, konnte ich im nachhinein erkennen, wie wichtig eine vordenkende oder, wie in diesem Fall, nachdenkende Theorie für die Praxis ist. Denn ich konnte diese pädagogische Situation erst angemessen beurteilen, nachdem ich mich mit der GWP auseinandersetzte.
[22] Dilthey (1922): S. 22.
[23] Krüger (2002): S. 25.
[24] Dilthey, Wilhelm: Gesammelte Schriften. Band VIII. Weltanschauungslehre. Abhandlungen zur Philosophie der Philosophie. 5. Aufl. Göttingen 1977, S. 172.

nur verstanden werden."[25] Damit verweist Dilthey schon auf die GWP, die die Erziehungswirklichkeit als sinnvolles Ganzes begreift, welche immer nur verstanden aber niemals aufgeklärt werden kann.

3.2 Hermeneutik als die Methodik des Verstehens

Die methodologische Grundlegung der Geisteswissenschaften ist nach Dilthey die Hermeneutik. Das Wort *Hermeneutik* stammt aus dem Griechischen und heißt Auslege- und Deutungskunst.[26] Genauer: „Hermeneutik ist die ‚Kunst der Auslegung' und gleichzeitig die Theorie davon."[27]

In der Geschichte der Hermeneutik entstanden vier verschiedene Hermeneutiken. Eine philologisch-historische Hermeneutik, die sich mit literarischen Texten befasste. Eine theologische Hermeneutik, die sich in der Exegese der Bibel übte und schließlich eine juristische Hermeneutik, „die sich auf die Interpretation und Anwendung von vorgegebenen Gesetzen in Hinblick auf konkrete Fälle konzentrierte."[28] Friedrich Daniel Ernst Schleiermacher entwickelte als erster eine allgemeine Hermeneutik, die ihre Regeln allgemein bestimmte.

Zentraler Begriff der Hermeneutik ist das Verstehen. Damit meint man beileibe kein bloßes unbewusstes selbstverständliches mithin *elementares* Verstehen, wie das Verstehen einer Straßenampel beispielsweise. Verstehen meint hier primär ein bewusstes *höheres* Sinn-Verstehen, ein Bedeutungs-Verstehen äußeren menschlichen Handelns oder äußerer menschlicher Zeichen, die auf ein Inneres verweisen. Dieses Verstehen darf man nicht gleichsetzen mit Identifikation, wie ich das während des Referates aufgrund Diltheys Aussage über das Verstehen als ein „Wiederfinden des Ich im Du"[29] irrtümlich getan hatte. Identifikation meint eher ein psychologisch-emphatisches Einfühlen, was von Dilthey als Verstehensakt originär konzipiert aber später verworfen wurde.

Verstanden werden die den Subjekten gegenüberstehenden aber von ihnen hervorgebrachten geistigen Objektivationen, die sich in Texten, Kunstwerke, Institutionen und Sitten artikulieren, welche ihrerseits in einem historischen, sozialen, kulturellen Kontext eingebettet

---

[25] Ebd., S. 174.
[26] Böhm, Winfried: Wörterbuch der Pädagogik. 15. Aufl. Stuttgart 2000, S. 238.
[27] Danner, Helmut: Methoden der geisteswissenschaftlichen Pädagogik: Einführung in Hermeneutik, Phänomenologie und Dialektik. 4. Aufl. München; Basel: 1998, S. 31.
[28] Krüger (2002): S. 182.
[29]Zitiert nach: König, Eckard / Zedler, Peter: Theorien der Erziehungswissenschaft. Einführung in Grundlagen, Methoden und praktische Konsequenzen. 2. Aufl. Weinheim; Basel 2002, S. 88.

und mithin wandelbar sind. Ein Text über Bildung aus dem Neuhumanismus argumentiert daher aus seiner Entstehungsgeschichte heraus ganz anders, als etwa ein Bildungstext aus dem Nationalsozialismus, was dazu anleiten muss, den entsprechenden Entstehungshintergrund mitzuberücksichtigen. Verstehen beschränkt sich indes nicht nur auf Objektivationen des menschlichen Geistes, sondern auch, wie oben angeklungen, auf menschliches Handeln, somit auf Erziehungswirklichkeit, die auch Sinn in sich trägt. Gemäß unseres Beispieles dürfen wir das Verhalten des aggressiven Jungen nicht losgelöst von allen sozialen Bedingungen isoliert betrachten. Der Junge hat seine eigene ``Geschichte´´, die in seinem Elternhaus stattfindet. Sein Verhalten ist nur dann auf seinen Sinn hin zu verstehen, wenn wir diese Bedingungen, soweit überhaupt möglich, ebenfalls in den Verstehensprozess miteinbeziehen.

Die Forschungsmethodik der Geisteswissenschaft realisiert sich im sogenannten auf Schleiermacher zurückgehenden und von Dilthey übernommenen hermeneutischen Zirkel. Dieser begleitet das höhere Verstehen eines Textes oder einer erzieherischen Situation methodologisch nach bestimmten Fragestellungen. Anhand eines Beispieles, des Buches *Theorie und Praxis* von Winfried Böhm sei nun der hermeneutische Zirkel erklärt.

Wir gehen mit einem gewissen alltäglichen Vorverständnis darüber, was Theorie und Praxis ist, an den Text heran. Wir sagen etwa, dass Theorie ein abstraktes Reden und Praxis das Leben schlechthin sei. Das Textverständnis korrigiert nun unser Vorverständnis, indem uns der Text aufklärt, das Theorie und Praxis in der ursprünglichen abendländischen Geistesgeschichte anders gedacht wurden und diese Dichotomie durch den Begriff der Poesis ergänzt werden muss. Dieses erweiterte Vorverständnis ermöglicht jetzt ein erweitertes Textverständnis, weil wir dann begreifen, auf welche dieser drei Begriffe die unterschiedlichen Auffassungen von Erziehung in der Geschichte der Pädagogik zurückgehen und damit Erziehungswissenschaften als Poesis und den Personalismus beispielsweise als theoretische Praxis *verstehen* können. Dieser Prozess des Verstehens läuft zirkulär ab. Entscheidend dabei ist der Prozesscharakter des hermeneutischen Verstehens, welches den Text als Ganzes aus seinen Teilen und umgekehrt zu erschließen versucht und niemals zum Abschluss gelangt. Der Prozess in sich allein trägt schon Sinn und ist nicht ergebnisorientiert. Deshalb ist dieses Verfahren nicht als methodisches Instrument gedacht, das nach exakten Regeln beliebige Anwendung findet. Vielmehr versucht es die Differenz, die zwischen dem Verstehenden und dem zu Verstehenden existiert, zu mindern, nicht aber zu überwinden.

4. Kritik

Wie alle erziehungswissenschaftliche Strömungen, so ist auch die GWP der Kritik aus dem Spektrum anderer Strömungen ausgesetzt. So rügt vor allem die empirische Erziehungswissenschaft die unscharfe, spekulative Begrifflichkeit der GWP, die zum Beispiel den Begriff der Bildung in „immer wieder neuen Formulierungen" umschreibt, der aber „hinsichtlich der Kriterien, die Bildung zu erfüllen hat, unscharf" bleibt. Das führe zu Missverständnissen und Unklarheiten.[30]

Seitens der sozialwissenschaftlich orientierten Kritischen Erziehungswissenschaft wird bemängelt, dass die GWP keine Theorie der Gesellschaft ausgearbeitet habe. Liegt es indessen überhaupt im wissenschaftlichen Verantwortungsbereich der GWP, sich um eine Theorie der Gesellschaft zu kümmern, die dann zwar nicht *die* Theorie jener wäre, sondern eine unter vielen? Freilich wäre eine beschränkte, aus Sicht der gesellschaftlichen Voraussetzung von Erziehung sich formierende Theorie der Gesellschaft überlegenswert. Schließlich müssen die sozialen Bedingungen, die kulturellen Voraussetzungen, die, wie wir gesehen haben, zum Verstehensakt dazugehören, begriffstheoretisch bestimmt werden. Allerdings muss man analog fragen, ob es dann auch Aufgabe der Psychologie sei, die ebenfalls für sich das Verstehen, das Einfühlen ins Seelenleben proklamiert, auch eine Theorie der Gesellschaft zu begründen.

Daneben, so die SOKE, fehle der GWP das Instrumentarium der Kritik. GWP bejaht nur das Bestehende, das Faktische, ohne es zu kritisieren. Zwar standen viele Repräsentanten geradezu konträr dem Nationalsozialismus gegenüber, ihn aber unter Zuhilfenahme eines geeigneten Instrumentes zu kritisieren, damit er vielleicht unterminiert werde, blieb ihnen versagt. In Übertragung auf unser Beispiel hieße das: Das aggressive Verhalten des Jungen verstehen, heißt noch lange nicht, es gleichzeitig zu akzeptieren.

Daneben habe die GWP keine Forschungsmethodik entwickelt. Zwar gibt es den hermeneutischen Zirkel, aber wie lässt sich denn tatsächlich absichern, ob wir den Text oder ein Verhalten eines Kindes verstanden haben? Ist also das Verhalten des Jungen tatsächlich als Ausdruck einer Akzeptanzsuche zu verstehen oder nicht?

---

[30] Ebd., S. 114.

5. Bibliographie

Quellentexte:

Böhm, Winfried: Wörterbuch der Pädagogik. 15. Aufl. Stuttgart 2000

Dilthey, Wilhelm: Einleitung in die Geisteswissenschaft. Versuch einer Grundlegung für das Studium von Gesellschaft und der Geschichte. Band I. Leipzig; Berlin: 1922

Dilthey, Wilhelm: Gesammelte Schriften. Band VII. Der Aufbau der geschichtlichen Welt in den Geisteswissenschaften. 2. Aufl. Göttingen 1958

Dilthey, Wilhelm: Gesammelte Schriften. Band VIII. Weltanschauungslehre. Abhandlungen zur Philosophie der Philosophie. 5. Aufl. Göttingen 1977

Forschungsliteratur:

Danner, Helmut: Methoden der geisteswissenschaftlichen Pädagogik: Einführung in Hermeneutik, Phänomenologie und Dialektik. 4. Aufl. München; Basel: 1998

König, Eckard / Zedler, Peter: Theorien der Erziehungswissenschaft. Einführung in Grundlagen, Methoden und praktische Konsequenzen. 2. Aufl. Weinheim; Basel 2002

Krüger, Heinz-H.: Einführung in Theorien und Methoden der Erziehungswissenschaft. 3. Aufl. Opladen 2002

Spranger, Eduard: Die Bedeutung der wissenschaftlichen Pädagogik für das Volksleben. In: Erziehungswissenschaft und Erziehungswirklichkeit. Hrsg von Hermann Röhrs. 2. Aufl. Frankfurt am Main: 1967

Tenorth, Heinz-Elmar: Pädagogisches Denken. In: Handbuch der deutschen Bildungsgeschichte. Hrsg. von Dieter Langewiesche und Heinz-Elmar Tenorth. (Band V) München 1989